당신께 드리는 노래

김군자 시집

마을

빛나는 시정신을 꼼꼼하게 엮어내는 —— 마 음

김군자

- 전남 광양 출생
- 「한맥문학」 신인상으로 등단(2000년)
- 산우수필 동인회, 사람과 시 동인회
  신촌현대시원 동인회 회원
- 제1시집 ≪늦은 외출≫
  제2시집 ≪당신께 드리는 노래≫

당신께 드리는 노래
김군자 시집

*1*판 *1*쇄 인쇄/*2010*년 *12*월 *10*일
*1*판 *1*쇄 발행/*2010*년 *12*월 *15*일

지은이/김군자
펴낸이/성춘복
펴낸곳/도서출판 마 음
등록/*1993*년 *5*월 *15*일   제*1-1519*호
주소/*110-530* 서울시 종로구 명륜동 1가 33-90 경주이씨 B/D 205호
전화/*(02)743 • 5793, 5798*
팩스/*(02)742 • 5798*

값 *12,000*원

저자와의 협약에 의해 인지는 생략합니다.

ISBN 89-8387-221-7   03810

푸른 시와 시인

당신께 드리는 노래

김군자 시집

마을

책머리에

  내 삶의 동반자가 되어주신 주님께 먼저 감사드립니다. 오늘 이 길목까지 걸어오는 동안 어둡고 고달픈 그늘을 지워주시고, 살아가는 의미에 언어를 얹어 시를 쓰게 하신 것은 모두 그 크신 사랑 덕이라 믿습니다.
  새벽마다 제단을 오르내리며 싱그러운 자연 속의 수많은 들과 노래하고 나무 잎사귀들의 사연을 내 것으로 읊어보게 되었습니다.
  노래와 사연은 쌓이고 쌓여 첫 시집 《늦은 외출》 이후 10여 년, 두 번째 작품집을 간추려놓고 보니 다시 감사할 뿐입니다.
  시의 싹을 가꾸기 위해 도움을 주신 박정희 교수님, 아름다운 시집을 엮어 꾸며주신 성춘복 선생님께 고마운 마음을 전합니다.
  그리고 현대시원 문우들과 나를 위해 기도해주시는 성도님들께도 감사를 올립니다.
  하루도 빠짐없이 내 건강을 챙겨주는 국내외에 살고 있는 자녀들의 효심에 새삼 벅찬 감정을 삼킵니다.

2010년 10월
김군자

눈물

새벽무렵 바쳐보 나의눈에 눈물
새벽기도를 드리던, 머리속 어딘가에
얼음이 스르르 내려오다 가다
떄. 그런때 내 눈가에
이 많은 눈물들이 끊임없 쏟아지는가
하나님 무엇입니까 내간증에 되라 나무, 꽃
그들이 이 험난한 세상에서
어려움이 많이 살아가는것만이
내게의 꿈과 소망이 갔만
그같은 내게 같지만 이
머리의 신경도 방법으로 가득 새옴에
오직 감사하고 주찬양으로
나의 주님도와 싢이여여.
나는 또 주하여 남은일과 무릎꿇어

2005. 11. 강

⊙ 김군자 시집 · 당신께 드리는 노래

• 책머리에 / 저자

사랑의 웃음꽃 제1부

사랑한다는 것은 행복 · *15*

꽃바구니와 축전 · *16*

노상에 푸른 꿈을 펼쳐놓고 · *18*

철쭉 곁에 앉아 · *20*

시계를 들여다본다 · *21*

한 권의 시집 · *22*

새벽마다 문전에는 · *23*

군자란 · *24*

여행 · *26*

소파 위에서 · *27*

시詩의 애인 · *28*

이별은 슬픈 것 · *29*

시의 애인이 되어 제2부

싱그러운 봄 · 33
바람이 불면 · 34
나무 위의 봄 · 35
설화雪花 · 36
소식을 전하는 · 37
낙엽 · 38
익어가는 여름 · 40
단비 · 41
마른 장마 · 42
여름의 등 위에서 · 44
사랑의 손길 · 45

⊙ 김군자 시집 · 당신께 드리는 노래

흐르는 시간을 따라 제3부

그리움 · *49*

짐을 꾸리던 날 · *50*

벗이여 · *52*

노화老花 · *53*

깊이 쌓이는데 · *54*

성묘길 · *55*

구급차의 울음 · *56*

지면 위의 부고 · *58*

김군자 시집 · 당신께 드리는 노래 ◉

세월의 문 앞에 제 4 부

책갈피 속에 · 61
단풍을 심고 싶다 · 62
비에 젖은 슬픔 · 64
알람소리에 · 66
바람 한 줄기 · 67
쉬어가는 · 68
하늘공원 · 69

◉ 김군자 시집 · 당신께 드리는 노래

바람과 마주하며 제5부

자녀 · 73
숲 · 74
세월이 가면 · 76
그 음성은 비타민 · 77
높은 산 · 78
눈보라의 벌판에 · 80
튀긴 콩 한 줌 · 82
이른 봄 · 84

• 책끝에 / 낙원樂園의 회복 - 박정희 · 85

사랑의 웃음꽃 1

사랑한다는 것은 행복

사랑한다는 것은
받는 사랑보다는 행복하리
이 손끝으로 글을 써보내면
받아보는 그 기쁨
몇 번이고 만지며 사랑을 하리라

한 편의 글 속에서 느끼는 생각
입술에 웃음이 깊이 고이리
고달픈 삶 속에서 시름할 때
한 편의 글로 그 아픔을
달래주는 이웃이 되어주었으면
우리의 삶은 진실로
행복을 안고 살아가리라.

꽃바구니와 축전

이른 새벽부터 하늘은
연한 빗물을 뿌립니다

살아온 나의 삶
나의 생일을 알아차리신 듯

쌓이고 쌓였던
긴 삶의 고뇌의 흔적들이 다
빗물로 씻겨버립니다

날이 밝아오니
하늘은 빗물을 멈추게 하시고
햇살로 웃음을 안겨줍니다

문전에선 꽃바구니와 축전이
사랑하는 효녀의 손길로
살며시 웃고 기다립니다

바구니 속 꽃이 말합니다
축전도 말을 합니다

행복, 그리고 건강하라고
그 효녀의 모습이 그리워
창가에 기대어
눈가에 맺힌 이슬을 닦습니다.

노상에 푸른 꿈을 펼쳐놓고

노상에 푸른 꿈을 펼쳐놓고
반생을 투자하며
희망의 이삭을 줍던 시절

다섯 남매 엄마의 삶은
엄동 추위만큼이나 시렸지
그 아픔의 시절을
세월은 뚜껑을 열라고 하네

설한이 오면 슬피 울어대던 풀섶귀들
나무 막대기처럼 얼어

낙엽처럼 슬픔 토할 때
내 가슴은 시커멓게 타버렸지

그 아픔의 절규
쏟아지던 한숨은 안개를 피우고
가슴에 울음의 항아리가 고였을 때

들려오던 님의 음성을 듣고
가마솥에 가난을 삶으며
불길에 희망을 구워보았지

높은 산을 넘고 넘어 맞은 현실
가난도 지루하다 물러나고
아이들의 효도가 보약이 되어
오늘은 이처럼 시詩와 더불어 산다네.

철쭉 곁에 앉아

아파트 화단 옆
줄줄이 피어 있는
철쭉꽃 품 안에 안겼네

오르는 키 높이를 멈추고
다소곳 겸손한 철쭉꽃
넓은 가지만 피우고 있네

사랑의 웃음만 머금은 이 꽃
철쭉처럼 그렇게 살아가리라
겸허하게 살다 그렇게 가리라.

시계를 들여다본다

시계를 들여다본다
내 손목의 시계는
어느 친구가 준 선물

내게는 아주 큰 변화의 의미
흘러간 많은 세월처럼
이젠 정리해볼 시간인가 보다

시계를 들여다본다
친구의 얼굴이 미소를 띠운다
시침과 초침을 번갈아가며
친구와 미소를 맞춘다

우리네 삶도 쉼 없이 도는 것 같으나
서야 할 자리에 멎을 줄 아는
시계처럼 살라고 친구는 말하고 싶은가 보다

친구의 노래가 시곗바늘을 돌리며
다시 한 번
시계를 들여다본다.

한 권의 시집

평생 세월을 등에 지고 살다가
황혼길 밟고 보면
어느덧 낯선 길이 열리니
짐 지운 세상에 고별의 길인 듯싶으리

살아온 긴 날의 때 묻은 삶들을
그대로 묻고 가기엔
너무도 서글픈 길

우리는 무엇으로
살아온 날들의 싹을 피우고
후회 없이 떠나야 하나

아름다운 내 삶을 엮은
한 권의 시집이라도 남기는 것은
가벼운 보람을
생산하는 미덕은 아닐까.

새벽마다 문전에는

이 새벽도
한아름 소식을 가득 싣고
문전에서 기다리는 희로애락
깨알 같은 글씨들은
눈동자에 화살 되어 꽂히네

옛말에
충신패가 열이면 역적패도 열이라는
그 말이 지금도 여의도에 머물러 있네

서민들은 못살겠다 아우성인데
의원님들 분쟁으로 승리만 기대하지 마시고
관용과 배려와 포용으로
이 나라 이 민족의 공복이 되시길

오늘 새벽에도
님의 전에 엎드려 기도드립니다.

군자란

우아하게 피어나는 군자란
넓고도 긴 날개를 펴고

그 품에서 피운 분홍빛 입술
그 입술엔 내 얼굴 가깝고

수도 없이 내 생각을 묻노라니
살아온 내 삶의 여행길을

제 위치를 알고 자라는 군자란
함부로 그 모습 드러내진 않고

우리 집 큰 방 앞 베란다 위에
크고도 넓은 화분 속에서

넓은 잎사귀 펴보이며
웃어줄 분홍빛 입술을 그리고 있네.

우리 집 큰 방 앞 베란다 위에
크고도 넓은 화분 속에서

넓은 잎사귀 펴 보이며
웃어줄 분홍빛 입술을 그리고 있네
　　　　　　　　　　— 군자란

여행

1박 2일은 시애틀
2박 3일은 빅토리아
3박 4일은 록키

어찌 이것이 가능할까
이 모든 게 주님의 도우심이어라

고국에서 한낮의 삶도
고단하고 힘들 때가 많은데

이토록 먼 해외에서
피곤마저 거두어 가시는 주님의 은총

자녀들의 건강 지켜주시며
길목마다 동행하시는 놀라운
사랑에 감사만이 입술을 적십니다.

소파 위에서

어둠이 창가에 머물고
마음에도 우울함이 다가와 멈춘다

인생의 황혼도 자연의 노을도
이 생각 저 생각에 강을 이룬다

수없이 떠오르는 상념들
쉽게 떨쳐버릴 수 없구나

믿음이 없고 물음이 없다면
이 애잔함을 어이 달래리

창가의 노을을 향해 묻고 답하며
이 마음을 잠시 내려놓는다.

시詩의 애인

건강이 부서져 내리던 날
인생이 저문 날

정신은 빈 곳에 지쳐 있고
가슴 깊은 곳에는

고뇌의 항아리를 묻어
행복을 굽고 싶었던 시절

채소 장사와의 연을 끊고
찾아와 안긴 자녀의 보금자리

쉼 없이 부어주는 효도는
보약이 되어

건강한 몸을 되찾고
시와 사랑하게 되었네.

이별은 슬픈 것

여름의 끝자락에서
떠나는 길 서러운 듯
밤새 쏟아지는 하늘의 눈물

세상은 아직 눈 뜨기에 이른 새벽
찾아가야 할 님의 전당이 보인다

가슴을 빗물로 닦으면서
첫날 첫새벽을 임께 드리며
울울창창 숲을 이룬다

티도 없이 살아가는
자녀들을 위해 기도하면서
떠나는 여름
슬피 울어대는 빗물을 달래본다.

시의 애인이 되어 2

싱그러운 봄

봄비 촉촉이 내린 대지 위에
온갖 풀잎들 싱그럽고 움터 재롱부리네

파릇파릇 펴보이는 기지개
걸어가는 발길 유혹하여

눈길이 다가가 환성이 쏟아지고
슬며시 찾아와 안기는 희열

생명 끊긴 감촉마다 푸르름
푸르름을 나타내며 안겨주는 희망이여

허기진 식탁 위에까지도
웃음을 풍기며 미각을 채워주는 푸르름이여.

바람이 불면

부는 바람 따라
춤추는 나뭇가지

묵묵히 세월만 바라보는
나무 위에도

바람은 나무를 사랑함일까
나무와 어울려 사랑의 춤을 추네

그 모습 바라보며 그 자리에
사람을 담아본다

사람의 바람은 사랑하면서 서로
짓밟고 상처만 입히고 살아갈까

거친 바람도 나무 위에 불어와
저토록 흥겹게 춤추게 하는 것을.

나무 위의 봄

지금 세상의 빛깔은 엷은 녹색
새싹마다 한 묶음씩 웃음 머금고
다가와 안겨줄 아름다운 봄이 되네

촉촉이 내리는 부슬비로
나무 입술마다 고인 영양제로
한 모금 씩 삼키며 갈증을 달래니
아, 봄이여 오라

이 세상 힘들게 살아가는
인생의 품에 안길
희망이여, 그리움이여
사랑이여, 행복하리라.

설화 雪花

포근한 날씨 속에
만개한 벚꽃잎이
바람에 흩날리는 그 모습
눈꽃처럼 느껴지는

베란다 뒤뜰에
줄줄이 기대어선 벚나무들

오랜 세월에 묻혀 살아왔는지
좌우로 길게 늘어진 채 잠잠하더니

포송포송 피었던 입술도
입 다물고 가기엔 이르지만

불어오는 바람기에 실려
소리 없이 가고 마는구나.

소식을 전하는

봄 소식을 알리는 비가 온다
엄동의 추위에 잠들었던
땅 속을 적시려고 생명수 내린다

세상 구경 나서려는
새싹들의 작은 입술을 축이니
자연에 전하는 사랑의 손길인가

빗물을 마시며 돋아오를
푸른 잎새 푸른 줄기들이여
성큼성큼 다가와주오

이제는 다물어버린
미소도 활짝 되찾게
내게로 다가와주오.

낙엽

결실의 가을이 다가서면 또
바람 끝에 안기는 낙엽은
사각사각 서러운 울음을 토해놓네

숱한 발길에 밟히다 보면
그 모습 가루가 되어
빗물에 씻겨 땅 속에 묻히고

나목이 되어 슬퍼하는 그 뿌리에
거름으로 파고들어
다가올 봄날의 희망으로 안기네.

익어가는 여름

아침 기온이
여름을 익혀낸다
아니, 삶아낸다

수영장 찾아가는 발자국마다
모락모락 김이 나듯
열기 피어오르고
땀방울이 송글송글 얼굴에 흐르니
호주머니 속에서
내미는 손수건

손길에
여름을 이기고
땀을 식힌
사랑의 손수건.

단비

가을 가뭄을 적시는
단비가 내리다 쉬어가네

대지 위 나무는 입술마다
갈증을 토하고 있는데

살금살금 내려주는 저 비
허기진 빈곤을 닦아내며

착지한 낙엽의 눈가에도
빗물바다 삼키니

밟히며 가루가 될 그 잎새도
한숨을 토하며 안식을 찾네.

마른 장마

쏟을 듯 뱉을 듯
쏟지 않는 마른 장마
빗방울 쏟아져 대지를 적셔야 하는데
흥건히 적셔야 하는데

푸르름은 갈증을 못 이겨
그 생명을 끊기도 하고
그 목숨 내치기도 하네

뜨거운 불길만이 대지를 녹이니
씨앗도 녹고 말 건가
뿌리도 더불어 같이 녹을까

장맛비가 어디로 갔을까
힘겨운 무슨 일이 있기에
비 내릴 일조차 단념했을까

새벽 바람이 전하며 지나가네

이른 아침 걷는 길도
땀방울 맺히는 길도

정녕 바람은 울며
떠나는 아쉬움을 전하며
다 지나들 가네.

여름의 등 위에서

한여름의 낮
내 집 뒤뜰의 나무 위에서
태양의 열기를 삼키며
쉼 없이 울어대는 매미의 애절함

무슨 한이 저토록 쌓였기에
울음으로 아픔을 삭히는지
따가운 햇살만큼
뜨거운 울음을 토하는구나

여름의 등 위에서
땅 속 깊이 잠들었던 긴 날의 회한
울음으로 다 닦고 지우며
스쳐 갈 여름을 껴안으려무나.

사랑의 손길

만추의 11월 첫날
불러주는 따뜻한 손길 따라
안기는 자연의 품 매미골

붉게 타오르는 산과 들
일행의 가슴도 붉게 타오르니
입술에서 풍기는 감회 더욱 깊었어라

달리는 차량은
노랗게 저물어가는
은행나무 밑을 돌아나가고

가슴을 열고 한껏 가을을 마시며
삶에 찌든 시름들
착지하는 낙엽 위에 뿌렸지

사랑의 손길로 심어준
그 아름다웠던 환희의 날
내 영원토록 간직하리.

흐르는 시간을 따라 3

그리움

엄격하면서 정이 많으셨던
그분은 곱살한 미남이셨고
목소리는 늘 위엄에 서려 있었죠

세월이 가면 무뎌질까 했지만
침묵의 세월 삼십 년이 흘러도

그 음성 그 자태
다시 살아 내 곁으로
숙연히 품어보는 그 모습은

텅 빈 가슴에 다가와 머물 때
안절부절
난 그리워하네.

짐을 꾸리던 날

이른 아침
해외 이주를 위한 아들의
이삿짐을 꾸리고 있다

오늘의 모임도 접어두고
묵념 속에 무지개를 그리는데

거실에선 테이프의 울부짖음
잘라내는 울음소리가 들려온다

밀려드는 서글픔에 가슴 만지며
거실로 나와 보니

수십 개의 이삿짐들이
애잔한 모습으로 눈길에 매달린다.

수십 개의 이삿짐들이
애잔한 모습으로 눈길에 매달린다

— 짐을 꾸리던 날

벗이여

무심히도 가버린 세월이었네
그 세월 앞에 고개를 들어보니
추억도 그리움도 다 녹아버렸네

한 송이의 꽃은
노화하여 슬픔 속에
단풍으로 물들어 있고

육신은 마디마디에
고삼(苦蔘)으로 억눌려
생명을 계산하는 곳

이젠 병원을 드나든다는 그 소식
내 가슴에 깊이
큰 멍으로 안겨주었네.

노화 老花

종착역이 어딘가
숨 가쁘게 달려왔더니
그곳은 우거진 숲 속이네

다섯 그루 거목으로 자라
큰 숲을 이루고
숱한 가지 줄줄이 뻗고 있네

다 저문 인생의 길목에
노화가 만발하게 피고 있는 것
숲 속의 그늘이 있기 때문이라네.

깊이 쌓이는데

어둠은 깊이 쌓이는데
눈꺼풀은 닫힐 줄 모르네

지구를 한 바퀴 돌고
휘젓는 생각들

다섯 그루나 되는 숲 속의 여행
아득한 여행이 끝나면

쌓였던 생각들 밀쳐내고
눈가의 물기를 닦아내네.

성묘길

새벽 일찍 찾아가는 성묘길
산야는 아직도 가물가물
졸음에 지친 듯

용미리 산기슭마다
자욱하게 안개 피어 있고
낯선 이웃들과 30년의 침묵으로도
벗들이 되었네

그리움은 모질게 다가와
달리는 차창에
그리움을 띄워 보내네.

구급차의 울음

앵 앵 울어대는
구급차의 애끓음

울음은 길을 찾아 달리다가
내 집 창가로 밀려와
가슴을 철렁이게 한다

또 어느 생명이 위급하여
생존을 계산하며
무대 같은 응급실에 내려놓아야 하나

누워서 몇 점짜리인지 평가를 기다려야 하나
백 점이면 세상 삶을 하늘나라로 옮겨야 하고
몇십 점이면 병상을 지켜야 하는

아, 그때부터 가족들은
구급차처럼 달린다
앵 앵 울며 달려야 한다.

지면 위의 부고

새벽이면 찾아주는 세상 소식
지문 위에 실린 부고란

눈길을 확대시키는 활자
고인들의 삶을 훑어보며 느낀다

누구나 한 번은 거쳐야 하는 길
볼 적마다 늘 서글픔과 애잔함이 짓누른다

살아 숨 쉬던 이 땅과 이별한다고
영 떠난다고 짧게 알려주건만

걸어온 파란만장의 고갯길
걷다 쓰러지기를 거듭하였을까

겨우 다시 서보려 할 땐
이미 늦어 저무는 날.

세월의 문 앞에 4

책갈피 속에

무르익어 땅에 떨어지는 가을을
책갈피 속에 재워둡니다

아름다웠던 그 잎들의
서러운 모습들을
차곡차곡 주워
책갈피에 묻어봅니다

얼마를 지나 열어보면
아름다운 색 그대로 지닌 채

깊이깊이 잠들어 있어
한 잎 한 잎 만져보며
가느다란 소릴 내며
내 손끝에 안깁니다.

단풍을 심고 싶다

아파트 오르막길 쉼터 의자에 기대어
높은 담을 따라 오르는
붉은 단풍잎에 눈길을 뗄 수 없다

잃어버린 푸르름보다야
마지막 생명의 색채는
더욱 뜨겁고 찬란해

죽기 전에 산천을 울린다는
큰 고니의 마지막 노래처럼
마지막 가는 단풍의
저 찬란한 아름다움처럼

이 가을엔 나도 아픔으로
멍든 이웃들의 가슴 위에다
단풍잎 빛깔처럼
붉은 사랑을 심어주고 싶으리.

비에 젖은 슬픔

청탑 높은 십자가에
불이 밝혀지네
신새벽에 찾아가는
발길을 반겨주네

세월에 밀리고 당기며 살아온 날들
굽이굽이 찾아와 발목을 잡던
비에 젖어 슬펐던 날들

눈가를 닦아주시고
슬픔을 만져주시던
님이 계셨기에
무릎 꿇고 희망을 빌 수 있었네

이 새벽
때 묻지 않은 바람을 안고
님을 찾는 마음
긴 날 눈물의 아픔을 닦아주시네

태산보다 높은
그 은혜
무릎 다 닳도록 엎드려
깊이 고개 숙이고 싶네.

알람소리에

알람의 울음소리
단잠을 깨우네

이른 새벽 그리운 곳
그곳은 님의 품

아파트 계단 밟으니
후두둑 빗물이 반긴다

젖은 아파트의 내리막길
터덕터덕 내려선다

아무도 모르리
이 희열의 시간을

나의 가슴을 내리게
의지하며 구하는 이 순간을.

바람 한 줄기

불어와서
안기는 바람 한 줄기
가슴을 스치며 달리고

이른 새벽 가로등은
밤새도록 어둠을 지키느라
피로에 지친 듯 희미해 보이네

새벽이면 찾아가는 그 길목마다
인적 드물어 무거운 걸음
이따금 달리는 소음만 들리네.

쉬어가는

쉼 없이 퍼부었던
폭설과 한파
잠시 쉬어가는 듯

어제와 오늘은
정겨운 햇살도 웃어주니
발길은 가볍기만 하네

그러나 며칠 쏟아부은
폭설과 한파
가는 곳마다 쌓이고

눈 동산을 만들어
얼어붙은 빙판길은
미안한 듯 녹아내리네.

하늘공원

만추의 서정이 물씬 묻어나는 11월 첫날
동인들의 사랑의 손길 따라
가을 길을 찾아가는
월드컵 경기장의 하늘공원

수도 없는 나무 계단 밟고 오르니
그 넓은 대지는 자연의 품으로
땅 속의 억새가 긴 목을 숙이는
가는 길을 아는 듯 슬픈 티를 보이는 것은

인생의 저문 날을 기리는 듯
아, 자연도 때가 되면
이처럼 앙상하게 지고 마는 것을

굽이굽이 돌아가는 곳마다
낯선 꽃들이 선을 보이건만
이미 뼈만 남아
꽃나무들은 서러운 표정.

바람과 마주하며 5

자녀

내게도 빛이 보인다면
자녀들로 인한 끝없는 희열

무지갯빛처럼 아름다운 아이들
바라만 보아도 음성만 들려와도
내 입술은 춤을 추며 기도를 하네

울창한 숲
그 그늘에서 쉬어가며

더듬어 보는 추억
뿌린 씨앗보다 몇 갑절 무성한 숲

사랑의 그늘에서
무거웠던 짐 깡그리 부리고
편히 쉬어가게 하는 아이들.

숲

하늘만 바라보면
묵묵히 서 있는 나무들

자녀들과 그 그늘 밑을 찾아
여장을 풀고

코끝으로 다가오는 자연의 향기
옛날 어머님의 따뜻한 품인 양

개울가로 잘잘 흐르는 물은
옛날 어머님의 젖줄기 같고

그 물줄기 그리워 손에 적시며
흘러간 세월의 이끼를 더듬어 보네

울울창창 우거진 숲 속은
내 자녀들의 삶인 양
오 남매 아이들이 이룬 숲

자연과 자녀들의 숲 그늘에 앉아

지난날 그 잔 나무들이
세월의 흐름 속에서
이토록 흔들리지도 꺾이지 않고
곱게 자란 자연과 자녀들의 숲 속에서
느껴보는 즐거움
아아, 행복하여라.

세월이 가면

세월이 가면 남기는 흔적
그것은 주름살

주름살 속에서도
잃어선 안 되는 정열

정열마저 잃으면
인생은 시든 풀잎같이 되리라

떨어지는 기력 속에
정신마저 흩어지네

놓지 않고 붙들어야 할 소망
그것은 님의 품이어라.

그 음성은 비타민

사람의 목소리에도 영양제가 생성되는가
매일같이 나를 불러 챙겨주는
그 음성은 비타민

며칠 엄습하던 독감에
몸살기를 물리쳐주는
그 음성은 비타민

매일같이 나를 불러 일깨우는
쉽지 않고 흔치도 않은
귀한 사랑

그 음성 듣고 나면
내 가슴에 꽃 한 송이 피어나고
그 향기 슬금슬금 시 한 편이 흐르네

진정 사람의 목소리에도 비타민이 있는가
오늘도 전화벨 소리에 실려오는
그 음성은 비타민.

높은 산

다섯 그루 나무들의
영양제를 공급하려
높고 아득한 저 산길
얼마나 숨 가쁘게 오르내렸던가

다섯 남매의 이름을 입술에 새기며
다섯 그루의 나무들 가슴 위에 수놓으며
'오늘의 험난한 삶을 넘어
내일의 밝은 희망을 향하여'
알사탕처럼 입 속에 담고
녹이며 걸어온 길

그곳엔
이제 울울창창한
다섯 그루 나무의
숲 속의 쉼터가 있네.

눈보라의 벌판에

열네 살 어릴 적
어느 봄날

육신의 아버지는
저 산 너머로 훌쩍 떠나셨네

만물이 소생하는 계절
어린 내 마음은 눈보라의 벌판
헐벗은 나무처럼 서러웠지

아버지를 잃은 설움은
그리움 되어 찾아간 새벽 묘지

어느 새벽길에 만난 검은 환상으로
발길을 멈추고 말았지

세월은 흘러
가정을 이루고 찾아간 묘소

어린 시절 이태 반을 밟았던
세월의 흔적 고스란히 남고

어린 날의 내 모습을 보는 듯
아버지의 무덤을 지키고 있네.

튀긴 콩 한 줌

일곱 번째 갈아엎은 강산의 저편
어린 시절
유난히도 사랑했던 급우들

이름표 달지 않은 가슴에
석 자 이름 새겨주며
숙제를 안 해온 공책에다
숙제를 대신해주면

다음날 볶은 콩 한 줌을
필통에 살며시 넣어주었지

그 콩을 먹지 않고 어머님의 입술에 넣어 드렸던
그 어린 날의 정겹던 시절
이끼 낀 세월은 많이도 흘러

오늘은 아이들 손길로
볶은 사랑 한 줌

내 입술 위로 녹여주니

눈물겹도록 아름다웠던
추억이여, 그리움이여.

이른 봄

날카로운 솔잎 사이로
빠져나가는 겨울 내음
봄이 오기 전까지 많은 슬픔 머금고
오는 봄을 기다렸을까

때론 흰 눈송이 걸치고
까치의 둥지에 기대어
울음으로 자장가를 호흡하며
깊이 잠들던 나목들

쓰디쓴 인내를 깨물며
견디어온 나목들이여

솔솔 부는 바람이
봄내 가득 싣고 오는 날
가지마다 싹을 틔워
겉옷 두툼이 마련해보렴.

책끝에

낙원樂園의 회복

박 정 희

　김군자 시인이 첫 시집 ≪늦은 외출≫을 상재한 지 10년 만에 두 번째 시집을 낸다. 첫 시집의 독자들은 오래 기다리던 시집이다. ≪늦은 외출≫에서 보여준 시인의 삶은 동시대를 살아가는 독자에게 쉽게 잊혀질 수 없는 감동을 주었다. 고달픈 일상을 소탈하고 진솔하게 그려낸 보기 드문 호소력에 많은 공감을 자아낸 것이다.
　김군자 시인의 감성의 언어는 평이한 그 내면에 의미와 가치를 끊임없이 구하고 탐색하는 의지가 담겨 있어 위안을 준다. 그리하여 당시 몇몇 뜻있는 언론에서는 큰 관심을 보여오기도 했다. 늘어나는 노년의 우울을 문화적 외출로 치유해주는데 시인의 시 '늦은 외출'이 한몫을 하였다고 주목을 받는 것이다.

시인의 외출은 기도를 위한 길 찾기에서 시작된다. 먼동이 터오는 어스름 새벽 고요한 기도가 열어주는 깨끗한 명상을 시인은 특별히 사랑했다. 그때 비로소 시인은 자신의 참모습을 보았고 영적 언어를 들었고 깨달음의 밀물이 다가와 시를 만들어냈다.

시인이 태어나서 평화로웠던 고향의 삶 또한 마르지 않는 샘처럼 동심의 리듬을 많은 작품 속에 심어주었다. 그리고 갑자기 초등학교 때 사별한 부친에 대한 그리움, 홀로된 어머니와 함께 보낸 추억도 고스란히 초록의 시가 되어 남았다. 민감하고 섬세한 천성은 약하고 상처 입은 사물에 창조적 언어의 생명을 불어넣어 새로운 시세계의 틀을 건고하게 다졌다.

그러나 이후 행복한 결혼 생활에 몰아닥친 돌풍은 고난 극복의 치열한 생존기록을 탄생시킨다. 4남 1녀의 다복한 가정에서 든든한 울타리의 가장을 잃은 것이다. 시인은 익숙하지 못한 암담한 현실 앞에 자녀들의 미래를 먼저 설계하고 일어섰다. 생활고를 짊어진 전투의 현장은 냉혹했지만 그 거센 파도에 잠시도 머뭇거릴 수가 없었다.

시인의 새벽은 이제 생계를 위한 절박한 수난의 질주를 선택해야 했다. 하루도 빠짐없이 생야채 도매점과

소매점 사이를 치달아 오고 갔다. 자녀들의 새벽잠을 깨우기 전, 문 밖에 나와 올망졸망한 신발 속에 필요한 책값과 교통비를 밀어 넣고 쏜살같이 어두운 길을 내달렸다. 그 같은 일과를 얼마나 오래 지속하였는지 시인에게 어느 날 꿀처럼 달콤한 안식이 찾아왔다.

 신발 속의 책값으로 성장한 다섯 남매는 한결같이 자신의 영역에서 성취의 큰 열매를 거둔 것이다. 시인의 삶과 시세계는 낙원의 꽃밭이 되었다. 내면 속에 깊이 간직해온 천상의 은혜가 진정한 성숙의 영토를 내준 것이다. 새벽시장으로 달리던 눈물의 질주는 이제 주위를 밝히는 등불이 되었다. 그때 그 목 타던 허기와 인내의 체험이 오늘을 치유하는 위안을 노래를 낳은 것이다.

> 오르는 키 높이를 멈추고
> 다소곳 겸손한 철쭉꽃
> 넓은 가지만 피우고 있네
>
> 사랑의 웃음만 머금은 이 꽃
> 철쭉처럼 그렇게 살아가리라
> 겸허하게 살다 그렇게 가리라
>
>   -〈철쭉꽃 곁에 앉아〉에서

낙원을 되찾은 시인의 희열은 겸허한 심성만큼 따뜻하다. 새벽에 얻은 청정한 미소를 만나는 꽃과 바람에게 주고, 풀과 나무에게 나누면서 그 시심을 끊임없이 이어가리라 나는 믿는다.
　김군자 시인의 두 번째 시집 상재를 진심으로 축하한다.

(시인)